Inhaltsverzeichnis

Trötsch Verlag GmbH & Co. KG
Geschw.-Scholl-Str. 11
15537 Gosen-Neu Zittau
www.troetsch.de

Originalausgabe:
Balance Rief SA

Illustrationen:
Ray Cresswell

Der große Ausflug der Hundekinder

Es ist ein wunderschöner Morgen: Die Sonne scheint am wolkenlosen Himmel und auf dem Bauernhof ist schon einiges los! Der Hahn hat heute viel früher gekräht als gewöhnlich und die Tiere sind alle sehr zeitig aufgewacht.

„Warum musstest du uns denn heute so früh wecken?", fragt die kleine graue Maus den stolzen Hahn.

„Ich konnte eben nicht mehr schlafen. Und da die Sonne schon langsam am Horizont aufstieg, habe ich einfach etwas früher gekräht."

Auch der Bauer und die Bäuerin sehen noch ganz verschlafen aus. Gerade kommen sie aus ihrem Haus und beginnen mit der Arbeit.

Die Bäuerin geht als Erstes in den Stall, um die Kühe zu melken. Der Bauer wird die Hühner mit ihren geliebten Körnern füttern und dann auf die Felder fahren, um das Getreide zu mähen.

Normalerweise wird er dabei von seiner treuen Hündin Senta begleitet, doch seit einigen Wochen muss er seine Arbeiten allein verrichten. Senta, die Hündin, ist nämlich Mutter von vier süßen, kleinen Welpen geworden. Sie toben und spielen auf dem Hof herum, doch zu weit dürfen sie den Platz um die Hundehütte nicht verlassen.

„Dafür seid ihr noch zu klein!", sagt die Mutter zu ihren Kindern. Doch diese möchten noch viel mehr entdecken und nicht immer nur vor der Hundehütte spielen.

„Lass uns doch einmal allein zum Spielen gehen, wir passen auch gut auf uns auf", betteln sie.

„Also schön", sagt die Hundemutter. „Heute dürft ihr das erste Mal alleine den ganzen Bauernhof erkunden, aber ich bitte euch: Seid vorsichtig!"

„Hurra! Mama, du bist die Beste", freuen sich die Kleinen. Schon laufen sie aufgeregt davon.

Senta ist gar nicht so wohl zumute. Nach einiger Zeit will sie sich auf die Suche nach ihren Kindern machen, doch vorher begrüßt sie noch den Bauern. Nun, da ihre Welpen größer werden, kann sie ihn bald wieder begleiten.

Plötzlich hört Senta fröhliches Gebell. Es scheint ganz aus der Nähe zu kommen.

„Das ist doch eines meiner Kinder!", ruft sie und bellt laut zurück. Dann lauscht sie auf Antwort, aber es bleibt still. Merkwürdig!

Kam das Bellen von der Obstbaumwiese? Da stehen viele Bäume mit leckeren Früchten.

Vielleicht hat sich ja ein Hundekind dorthin verirrt?

Aber nein, auf der Obstbaumwiese kann Senta niemanden entdecken. Doch da hört sie ein leises Jaulen. Das kommt vom Kaninchenstall. Bestimmt hat sie dort mehr Glück. Schnell läuft Senta zum Stall hinüber.

Außer den Kaninchen trifft sie dort Mutter Katze mit ihren Kindern.

„Habt ihr meine Welpen gesehen?", fragt Senta.

„Ähm ... ja!", antwortet Mutter Katze zögernd, während die Katzenkinder vor sich hin kichern. „Eines deiner Kinder war hier und wollte mit meinen spielen. Doch beim Herumtoben haben meine Kätzchen es mit ihren Krallen gekratzt, da ist es jaulend davongerannt. Meinen Kleinen tut es übrigens sehr leid, nicht wahr?", spricht sie nun lauter an ihre Jungen gewandt. Die nicken schuldbewusst.

„Danke", bellt Senta. „Dann werde ich weitersuchen. Wo können sie nur stecken?" Flink läuft Senta den Weg zum Gemüsegarten hoch. Das Hundekind aber hat sich in der Zwischenzeit von seinem Schrecken erholt.

„Wieso können diese Katzen nur so fürchterlich kratzen?", fragt es verwundert und leckt sich die schmerzende Nase. In Zukunft wird das Hündchen vorsichtiger sein.

Da steht ihm plötzlich ein seltsames Tier gegenüber: Es hat vier Beine, ein Schwänzchen, zwei kleine Hörner auf dem Kopf und im Gesicht rechts und links einen Bart.

„Hallo!", ruft das Hündchen überrascht. „Wer bist du denn?"

Das Tier antwortet freundlich: „Ich bin eine Ziege, wollen wir spielen?"

„Nur, wenn du mich nicht kratzt!", antwortet das Hündchen. Da muss die Ziege lachen. „Mähhh, wie sollte ich dich kratzen? Hast du nicht meine Hufe gesehen?"

Vergnügt toben die beiden auf der Wiese herum und rennen einen Abhang hinauf, bis sie zum Gemüsegarten gelangen. Hier treffen sie Senta, die ihr Junges freudig begrüßt.

„Aber wo stecken meine anderen drei Kinder?", fragt sie sich. Die anderen Tiere im Gemüsegarten können ihr leider nicht helfen.

Tatsächlich hat sich das zweite Hündchen in einem Eimer versteckt. Es gibt keinen Mucks von sich, denn es will auf gar keinen Fall entdeckt werden. Erst nachdem Mutter Hund mit ihrem ersten Kleinen weitergelaufen ist, klettert das Hundekind vorsichtig aus dem Holzeimer heraus. Staunend mustert es die anderen Tiere.

„Was schaust du uns so an?", fragt das Pferd.

„So ein großes Tier wie dich habe ich noch nie gesehen!", erwidert das Hundekind.

„Möchtest du mal auf mir reiten?", bietet das Pferd dem kleinen Hund an.

Doch dieser will nicht und rennt schnell davon.

„Ich wäre auch bestimmt ganz langsam gelaufen!", ruft das Pferd dem Hündchen hinterher, aber dieses ist bereits viel zu weit weg.

Es läuft munter immer weiter, bis es ein kleines Kaninchen entdeckt.

„Du siehst ja ulkig aus mit deinen großen Ohren!", ruft der Hund dem Kaninchen übermütig zu.

Das Kaninchen kichert. „Deine Ohren sehen aber auch lustig aus, wie sie herunterhängen!" Nun müssen sie beide lachen.

„Möchtest du mit mir Verstecken spielen?", fragt das Kaninchen und hüpft aufgeregt auf der Stelle.

„Wie geht das denn?", fragt das Hündchen neugierig.

„Ganz einfach", erklärt das Kaninchen. „Ich renne los und verstecke mich irgendwo und du musst mich suchen und finden. Los geht's!"

Da hoppelt das Kaninchen flink davon und ist bald nicht mehr zu sehen. Doch das Hundekind mit seiner feinen Nase folgt einfach der Spur. Bald hat es seinen neuen Freund unter einem Rosenbusch hockend wiedergefunden. „Jetzt bist du dran!", ruft das Kaninchen.

Der kleine Hund versteckt sich schließlich hinter einem Bretterzaun.

Es dauert auch nicht lange, bis er entdeckt wird. „Oh, ... hallo Mama!", ruft das Hündchen, denn nicht sein Spielkamerad hat es gefunden, sondern seine Mutter.

„Da bist du ja, du Racker!", ruft Senta. „Jetzt fehlen nur noch zwei eurer Geschwister." In Begleitung ihrer beiden Kinder setzt Senta ihre Suche fort.

Dabei haben sie das dritte Hündchen im Gartenhaus nebenan glatt übersehen. Es hat sich ganz ruhig verhalten, weil es noch nicht nach Hause will. Jetzt läuft es fröhlich über den Hof, wo ihm die Henne mit ihren Küken begegnet.

„Nanu?", fragt das Hündchen verwundert. „Was macht ihr denn da?"

„Wir picken Körner vom Boden auf", antwortet die Henne.

„Da müsst ihr aber eine Menge picken, um satt zu werden!", meint das Hündchen. „Dazu braucht man ja den ganzen Tag!"

„Genau das tun wir auch", gackert die Henne. „Wir sind den ganzen Tag auf der Suche nach Körnern, die auf dem Boden liegen."

„Das wäre mir aber zu mühselig", bemerkt der Hund und bestaunt die Küken, die fleißig ihre Körner aufpicken. „Bin ich froh, dass ich ein Hund bin." Dann setzt er seinen Weg fort.

Von Weitem kann er die Scheune sehen. „Da ist bestimmt etwas los!", ruft er und rennt auf das große Scheunentor zu.

Die Scheune, in der Heu und Stroh lagern, ist immer ein Treffpunkt vieler Tiere. Die großen gelben Strohballen sind ein toller Spielplatz für Katzen- und

Hundekinder und ein gutes Versteck für Mäuschen.

Doch vor der Scheune bleibt das Hundekind stehen, denn schon wieder hat es etwas Neues entdeckt: eine Gans und ihre zwei Gänsekinder!

„Hallo Hündchen!", ruft die Gans. „Geh nur hinein, deine Mutter sucht dich dort."

Doch das Hündchen findet die Gänse viel interessanter. „Du hast aber einen langen Hals!", staunt es.

Die Gans muss lachen. „Dann bist du wohl noch keinem Schwan begegnet, dessen Hals ist noch viel länger!"

„Noch länger?", staunt der kleine Hund, bevor er schließlich doch in die Scheune läuft.

Mama Senta und die beiden Geschwister begrüßen ihn freudig. Übermütig tollen die Welpen durchs Stroh.

Auch Familie Katze ist da und diesmal lassen die Kätzchen ihre scharfen Krallen brav eingezogen. Dann aber ruft Senta ihre drei Kinder zusammen. „Es wird Zeit nach Hause zu gehen, ihr seid sicher müde und hungrig vom vielen Toben!"

Die Welpen aber sind anderer Meinung, sie könnten noch den ganzen Tag im Stroh spielen.

Senta macht sich Sorgen um ihr viertes Kind, denn auch in der Scheune ist es nicht zu finden.

„Wo kann es nur sein?", fragt sie. „Ob es vielleicht schon in unserer Hütte wartet?"

Das freche Hündchen aber hatte sich in einem Sack versteckt und dann heimlich davongeschlichen, während seine Geschwister spielten.

Nachdem es noch eine Runde über den Bauernhof geschlendert ist, noch hier geschnüffelt und da gelauscht hat, merkt das Hundekind plötzlich, wie müde es ist. „Ich möchte zurück nach Hause, in unsere kuschelige Hundehütte."

Doch wo entlang geht es nach Hause? Oje – das Junge muss sich wohl verlaufen haben! Da setzt es sich ins grüne Gras und winselt leise vor sich hin.

„Aber hallo, wer hat denn hier so großen Kummer?", ertönt eine laute Stimme. Es ist der Hahn, der nach dem Rechten sehen will. „Na, du kleiner Kerl, was ist dir denn passiert, dass du so traurig bist?", fragt er mitleidig.

„Ich finde den Weg zu unserer Hütte nicht mehr!", schluchzt das

Hündchen. „Wie soll ich denn je wieder nach Hause kommen?"

Da kräht der Hahn laut „Kikeriki!" und plustert sich auf. „Na, wenn's weiter nichts ist ... Ich zeige dir gern den Weg. Komm mit." Schon stolziert der Hahn voran. Der kleine Hund läuft erleichtert hinterher, bis, ja, bis plötzlich ein tiefes „Muh!" zu hören ist. Hinter dem Zaun steht eine große Kuh, die den beiden laut entgegenruft.

Das Hündchen wird ganz starr vor Schreck.

„Keine Angst!", muht die Kuh. „Ich freue mich nur, dich zu sehen. Deine Mutter bat mich, nach dir Ausschau zu halten, sie wartet schon auf dich!"

In diesem Moment flitzt Senta auch schon um die Ecke.

„Mama, Mama!", bellt das Hundekind glücklich. „Stell dir mal vor, ich hab mich glatt verlaufen!"

„Bin ich froh, dass du nun wieder da bist!", ruft Senta. „Jetzt komm schnell, es gibt Abendessen. Dabei kannst du uns alles erzählen."

Das Hündchen dreht sich um zu Hahn und Kuh: „Bis morgen!", bellt es ihnen zum Abschied zu.

Bald darauf wird es still auf dem Bauernhof. Die Kühe und die Pferde grasen noch ein wenig auf der Weide

und die Katzenkinder liegen mit ihrer Mutter im Stroh. Im Hühnerstall schlafen die Küken unter dem warmen Federkleid von Mutter Henne. Und in der Hundehütte liegen alle vier Hundekinder dicht aneinandergekuschelt. Sie schlafen fest, im Traum zuckt manchmal eines mit den Pfötchen.

Auch der vorwitzige Hahn ist schon früh schlafen gegangen, denn schon bei Sonnenaufgang wird er wieder erwachen, um alle Bewohner des Bauernhofes für einen neuen Tag zu wecken!

Wo stecken nur die kleinen Enten?

Als Mama Ente heute Morgen erwacht, ist sie ganz erstaunt: Sie kann das fröhliche Piepsen ihrer vier Kinder gar nicht hören.

„Wo steckt ihr denn?", ruft sie laut und watschelt aus dem grünen Schilf heraus, in dem sie ihr Nest versteckt hat.

Doch die Entchen antworten nicht. Auch am Teichufer kann Mama Ente ihre Kinder nicht entdecken, und da die Entchen erst ein paar Tage alt sind, macht sich Mama Ente nun doch Sorgen.

„Ich werde nach ihnen suchen", sagt sie zu sich selbst, schüttelt ihre Federn und lässt sich langsam ins kühle Wasser gleiten.

So früh am Morgen ist es noch sehr ruhig am Teich und sie hofft, dass sie ihre lebhaften Kinder irgendwo hören kann.

Vom anderen Ufer tönt lautes Hundegebell herüber. Da erschrickt die Ente natürlich, denn ihre Küken haben noch nie einen Hund gesehen. Sicherlich werden sie große Angst vor ihm haben!

„Kinder, wo seid ihr?", ruft sie laut. Doch weil gerade ein großer Fisch vor ihr im Wasser planscht, kann sie nicht hören, ob jemand antwortet.

„Guten Morgen, lieber Fisch!", ruft sie dem Karpfen zu.

„Hast du eines meiner Kinder gesehen?" Der Karpfen schüttelt den Kopf.

„Aber frag doch mal die Kuh, die ist groß und kann gut beobachten!", rät er ihr.

Mama Ente schwimmt gleich zum anderen Ufer.

„Quak, weißt du vielleicht, wo meine Kinder stecken?", fragt sie die Kuh.

„Siehst du die Hunde dort drüben am Bach? Die spielen schon eine ganze Weile mit einem Entenküken", antwortet die Kuh freundlich.

Tatsächlich entdeckt die Ente nun eines ihrer Kinder. Ganz erschöpft sitzt es im grünen Gras. Es hat nämlich den ganzen Morgen mit seinen neuen Freunden, dem Hundekind und dem Kaninchen, gespielt.

Das Küken freut sich, als es seine Mutter entdeckt, und gemeinsam machen sie sich auf die Suche nach den drei Geschwistern. Das Hundekind bleibt traurig zurück, als das Entenküken davonschwimmt. Doch dann hat es eine Idee: „Wartet auf mich, ich helfe euch bei der Suche! Mit meiner Spürnase kann ich jede Fährte erschnuppern!"

Da muss Mama Hund laut lachen. „Du werde erst einmal groß, bevor du dich als Spürhund ausgibst. Mit deiner kleinen Schnauze kannst du vielleicht eine Kuh erschnüffeln, aber so ein Entlein ...?"

„Ich werde es dir beweisen!", bellt der Welpe übermütig und flitzt den Enten hinterher, immer am Ufer entlang. „Ich habe schon eine Spur!", ruft der kleine Hund den Enten zu. Mit der Nase auf dem Boden wird er immer schneller und schneller, bis er plötzlich vor einer dicken Kröte haltmacht.

„Ich bin aber keine Ente!", ruft die Kröte verschmitzt. Da müssen alle lachen.

„Oh, da hab ich wohl die falsche Fährte aufgenommen!", gibt das Hündchen verlegen zu.

Der Fisch im Teich blubbert dicke Blasen vor Lachen.

„Viel Glück bei eurer Suche!", ruft er den Enten hinterher.

Am Uferrand, auf der saftigen Weide, stehen zwei Ponys und schauen neugierig über den Zaun.

„Können wir euch helfen?", fragen sie höflich.

Die Entenmutter nickt. „Ich suche drei meiner Küken, habt ihr sie gesehen?"

Da wiehern die beiden Ponys laut. „Wir wissen, wo sich eines deiner Kinder versteckt, aber wir verraten es nicht, du musst es schon selbst finden. Aber wir können dir einen Tipp geben: Es sitzt hier ganz in der Nähe!"

Die Entenmutter sieht sich verwundert um. „Ich kann hier nichts entdecken!", sagt sie und ruft nach ihrem Kind. Als Antwort erhält sie nur ein langgezogenes Quaken, denn direkt vor ihren Füßen sitzt die Kröte.

Plötzlich aber kommt das Entenküken aus seinem Versteck hervor: Es hatte sich im Wasserrohr verborgen! „Du hättest mich dort niemals gefunden!", lacht das Kleine fröhlich. Es freut sich, wieder bei seiner Mutter zu sein. Zu dritt setzen sie ihre Suche fort. Wenig später kommen sie am Bauernhaus vorbei und gleich dahinter ist die Schafweide. Die Lämmchen haben heute Besuch von ihrem Freund, dem Zicklein.

„Wisst ihr vielleicht, wo meine beiden Küken sind?", fragt die Entenmutter.

„Ein Entlein war den ganzen Morgen bei uns!", antwortet das weiße Schäfchen. „Aber als die Katzen hier vorbeikamen, ist es schnell davongerannt."

„Ihr Enten mögt wohl keine Katzen?", fragt das Zicklein neugierig, als plötzlich ein helles Piepsen zu hören ist.

„Nanu, wo kommt denn das Piepsen her?", wundern sich die Tiere und gehen auf die Suche.

Sie laufen über die Wiese, schauen hinter Sträucher und Grasbüschel, doch sie finden nichts.

„Vielleicht sind meine Küken inzwischen zurück zum Teich gegangen?", meint Mama Ente hoffnungsvoll und watschelt mit ihren beiden Kindern zum Ufer hinunter.

Da ...! Da ist das Piepsen wieder, nur diesmal viel näher und lauter! Plötzlich öffnet sich die Tür vom Kaninchenstall und darin sitzt ... ein kleines Entchen! Nun staunen die anderen Tiere nicht schlecht.

Das Kaninchen berichtet ihnen, wie das Entchen sich vor zwei kleinen Katzen gefürchtet hat. „Also hab ich es in meinen Stall geholt und im warmen Stroh versteckt", erzählt es weiter und freut sich, dass die Entenfamilie nun fast komplett ist.

„Wie viele Kinder hast du denn?", fragt der kleine Vogel, der sich neugierig auf

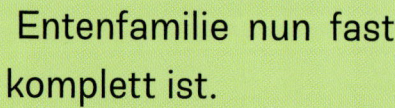

den Blumentöpfen niedergelassen hat.

„Ich habe vier Kinder!", antwortet Mutter Ente stolz.

„Nun ja, ich bin Vater von zehn Kindern!", meint das Kaninchen.

„Das wäre mir aber zu viel, quak!", ruft die Ente lachend. „Da müsste ich ja den ganzen Tag nach meinen Kindern suchen!"

Jetzt fehlt nur noch ein Ausreißer, aber Mama Ente ist zuversichtlich, dass sie ihn bald finden werden. Immerhin ist es nun Zeit für das Mittagessen und sie weiß, dass die Entchen immer sehr hungrig sind.

Als sie am Kuhstall vorbeikommen, hören sie lautstarkes Muhen.

„Oh, die Kühe werden wohl gerade gemolken", sagt die Entenmutter. „Wollt ihr dabei zusehen?"

Aber ja, das möchten die Entchen gern, und schnell marschieren sie durch das Tor in den Kuhstall hinein. Die Kühe stehen in ihren Boxen und werden nacheinander von der Bäuerin gemolken. Am Ende hat sie einen großen Eimer voll Milch, den sie ins Haus trägt.

Vor dem Stall steht ein Kälbchen und begrüßt Familie Ente, als sie wieder nach draußen watschelt.

„Nanu, das ist ja komisch!", wundert sich das Kälb-

chen. „Gerade eben ist hier ein kleines gelbes Vögelchen vorbeigekommen, das sah genauso aus wie ihr!"

Das Kälbchen nickt den drei Küken freundlich zu.

„Was für ein Zufall! Nach diesem Herumtreiber
suchen wir ja gerade! Quak, in welche Richtung ist es
denn gelaufen?", fragt die Entenmutter aufgeregt.

„Es hatte großen Hunger und wollte sich etwas zu
essen suchen!", antwortet das Kalb und kaut dabei
genüsslich auf einem Büschel Gras herum.

„Wo findet ein Entenküken allein Futter?", grübelt
Mama Ente, als ein Eichhörnchen vom Baum herab-
springt und sich auf dem Zaun niederlässt.

„Ich habe dem Entlein eine Haselnuss angeboten,
aber die wollte es nicht essen. War ihm wohl zu hart!",
kichert das Eichhörnchen. „Danach ist es mit den Hüh-
nern in den Garten gegangen. Die Hennen haben ihm
erzählt, dass es dort Körner gibt."

„Aber natürlich, da hätte ich ja gleich drauf kommen
können!", ruft die Ente. „Kommt, folgt mir!" Im Enten-
marsch machen sie sich auf den Weg zum Garten,
als sie ein Piepsen vernehmen.

Merkwürdig! Es scheint aus der Hundehütte
zu kommen. Mutter Ente schaut nach und –

tatsächlich: Es ist das vierte Küken! Na so was, fast wären sie einfach vorbeigelaufen!

„Was hast du denn hier verloren?", quakt Mutter Ente äußerst verwundert.

Das Küken piepst erleichtert: „Mama, bin ich froh, dass du da bist! Stell dir vor: Zwei echt wilde Katzen sind hinter mir hergelaufen, die hatten bestimmt nichts Gutes im Sinn. Da hab ich mich flugs hier herein gerettet. Ich glaube, die Katzen haben Angst vor den Hunden, die hier wohnen. Die wissen wohl nicht, wie nett die Hunde sind." Das Entenküken muss kichern.

„Miau, stimmt ja gar nicht!", ist da eine empörte Stimme zu vernehmen. Sie gehört einem kleinen Kätzchen, das Mutter Ente noch gar nicht bemerkt hatte.

„Genau, wir wollten dir doch nichts tun, wir wollten nur mit dir spielen", mischt sich ein zweites Kätzchen ein. Mutter Ente, die weiß, wie verspielt alle kleinen Kätzchen sind, quakt: „Ach, ihr seid das also. Ich habe schon von euch beiden gehört. Wenn ihr mit meinen Küken spielen möchtet, dann kommt doch morgen zu uns an den Teich."

„Miau, vielleicht machen wir das", antworten die Kätzchen und springen davon.

„Und wir machen uns auf den Heimweg!", sagt Mutter Ente und die vier Entenküken folgen ihr. Alle sind sie heilfroh, nun wieder bei ihrer Mama zu sein. Aber der Weg nach Hause ist noch ziemlich weit, und sie alle sind sehr müde. Dieser Tag ist doch sehr aufregend und anstrengend gewesen. Noch nie zuvor waren die Entchen so weit von zu Hause fortgelaufen. Ihre kleinen Füßchen schmerzen. „Mama, können wir nicht nach Hause schwimmen?", fragen sie erschöpft.

„Doch, das werden wir!", antwortet die Ente. „Aber erst müssen wir runter zum Ufer laufen, es ist nicht mehr weit!"

Da saust plötzlich ein graues Fellknäuel an Familie Ente vorbei. „Was war denn das?", piepsen die Küken. Nun sind sie wieder hellwach und watscheln flink hinterher. Am Ufer des Teiches entdecken sie ein Kaninchen, das sein Mäulchen ins kalte Wasser gesteckt hat und gierig trinkt.

„Was ist denn mit dir passiert?", fragen die Entenküken neugierig, als das Kaninchen seinen Durst endlich gestillt hat.

„Ich war im Gemüsegarten und habe an etwas Rotem geknabbert. Doch das war so scharf, dass mein Hals davon ganz furchtbar gebrannt hat."

„Ach, du Armes! Das waren sicherlich die scharfen Radieschen!" Die Entenmutter schaut bedauernd.

„Herrjemine, das kommt davon, wenn man von verbotenem Gemüse nascht!", meint das Kaninchen etwas schuldbewusst und hoppelt davon. Nun endlich können die Entchen ihre müden Füße im kalten Wasser kühlen.

„Das tut gut!", piepsen die vier und planschen vergnügt herum. Über ihren Köpfen kreist eine bunt schimmernde Libelle. „Hallo, da seid ihr ja wieder!", surrt sie leise. „Ich habe deine Kinder heute Morgen gesehen, wie sie schon ganz früh das Nest verlassen haben", meint sie zu Mama Ente. „Da habe ich sie ermahnt, bloß nicht so weit von zu Hause wegzulaufen, aber sie hören ja nicht auf mich!" Immer noch leicht verärgert fliegt die Libelle davon.

Nun wird es aber wirklich Zeit, nach Hause zu schwimmen! Vorbei geht es am Eisvogel auf dem Ast, immer um die Seerosen herum, bis schließlich das im Schilf versteckte Nest erreicht ist. Endlich zu Hause!

Mama Ente sucht ihren Kleinen schnell noch ein leckeres Abendessen zusammen, das sie hungrig verspeisen. Müde, aber froh über ihren geglückten Ausflug, kuscheln sich die Entchen unter die warmen Federn ihrer Mutter.

„Morgen ruhe ich mich den ganzen Tag aus!", fiept ein Küken müde.

„Ich werde vielleicht mit den Katzen spielen", murmelt ein anderes.

„Meine Beine brauchen mindestens drei Tage Ruhe", gähnt das dritte Entchen, und das vierte möchte gerade etwas sagen, doch da ist es auch schon eingeschlafen.

„Schlaft gut, meine Lieben", sagt Mutter Ente leise. „Ich bleibe hier und passe auf euch auf!"

Nun ist es fast ganz still am Teich. Nur das Surren der Libelle und das leise Blubbern des Karpfens sind noch zu hören. Auf einem Grashalm hat sich ein bunter Schmetterling niedergelassen. Langsam kehrt überall Ruhe ein.

Das Versteckspiel der Kaninchen

Heute Morgen beim Frühstück kann Mama Kaninchen ihre vier Kinder mit einer großen Neuigkeit überraschen:

„Stellt euch vor, der Bauer möchte mich zu einer Kaninchenausstellung mitnehmen. Dort werde ich bewundert, mein Fell wird gebürstet und vielleicht können wir sogar einen Pokal gewinnen!"

Die Kaninchenmutter ist sehr stolz und aufgeregt. Bevor sie mit dem Bauern den Hof verlässt, ermahnt sie ihre Kinder:

„Seid ganz vorsichtig und passt auf euch auf. Ich bin am Nachmittag wieder zurück."

Die kleinen Kaninchen sind auch aufgeregt und freuen sich, dass sie nun einen ganzen Tag allein auf dem Hof verbringen dürfen.

Kaum ist Mama Kaninchen weg, überlegen sie, was sie heute so alles machen könnten.

„Wollen wir Verstecken spielen?", fragt das Kleinste.

O ja, auch die anderen drei haben Lust dazu! Das größte Geschwisterchen soll zuerst suchen. Es hält sich die Augen zu und beginnt, langsam zu zählen, während die anderen in alle Richtungen davonhoppeln.

Am späten Nachmittag erst kommt das Auto mit Mama Kaninchen zurück. Als der Bauer sie zu ihrem Stall bringt, ist keines der Jungen zu sehen. Nur eine kleine Schnecke, die auf einem Blatt vor dem Stall sitzt, kann Auskunft geben:

„Deine Kinder haben den ganzen Nachmittag miteinander Verstecken gespielt. Eigentlich wollten sie gerade aufhören, als sie den Wagen sahen. Da haben sie sich schnell noch mal versteckt. Jetzt musst du sie finden!"

Da macht sich Mutter Kaninchen gleich auf die Suche. Zuerst ist der Stall dran, aber hier ist kein Kaninchen zu finden. Dann hoppelt sie über die Wiese und schaut hinter jeden Maulwurfshügel, ob dort nicht ein Junges kauert. Auf einem kaputten Zaun sitzt das kecke Eichhörnchen, das bereits von Weitem ruft: „Du bist schon ganz nah dran!"

Da entdeckt die Mutter ihr kleinstes Kind im Gras der Wiese. Es duckt sich ganz tief, denn eine neugierige Kuh will es unbedingt beschnuppern.

„Keine Angst, Kühe tun uns Kaninchen nichts!", ruft die Mutter ihrem Kind zu.

Doch das ängstliche Kaninchen ist froh, dass seine Mama nun wieder bei ihm ist.

„Du musst aber die anderen drei auch noch finden!", freut sich das Kaninchenkind, nachdem es sich von seinem Schreck erholt hat.

„Die werde ich schon finden, nur keine Sorge!", antwortet die Mama frohen Mutes. „Komm nur mit!"

Seite an Seite hoppeln die beiden nun zum Teichufer hinunter. „Ich glaube zwar nicht, dass einer von euch tatsächlich versucht zu schwimmen, wir Kaninchen sind doch so wasserscheu! Aber ich schaue trotzdem mal nach, sicher ist sicher."

Unten am Teich treffen sie auf Familie Ente, die sich von ihrem gestrigen Ausflug erholt.

„Hallo, Mama Ente!", ruft die Kaninchenmutter. „Heute muss ich meine Kinder suchen!"

Da lacht die Entenmama und ruft zurück: „Sei froh, dass du nur vier Kinder hast. Bei deinen Nachbarn hat

es auch Nachwuchs gegeben, die Eltern müssen sich nun um zehn kleine Langohren kümmern."

Weil aber auch die Entenfamilie kein Kaninchen gesehen hat, hoppelt die Mutter mit ihrem Kind flink weiter.

„Ich glaube, wir sollten mal bei den Schafen vorbeischauen. Die Schäflein mit ihrem kuscheligen Fell bewundert dein Schwesterchen doch immer so gern."

Auf dem Weg zur Schafweide treffen sie ein Mäuschen, das eifrig Beeren sammelt und die Kaninchen gar nicht zu bemerken scheint.

Dann ist auch schon das Blöken der Schafe zu hören und sie haben die Weide erreicht.

Die Schafe lassen sich nicht stören, nur ein Lämmchen kommt interessiert auf sie zu.

„So ein Tier wie dich habe ich heute schon einmal gesehen!", ruft es der Kaninchenmama zu. „Es hat hier im Gras gesessen und sich nicht von der Stelle gerührt."

„Das war bestimmt eines meiner Jungen! Doch wo ist es jetzt?" Mama Kaninchen setzt sich auf und spitzt die Löffel, doch sie kann ihr Kind nirgends sehen oder hören.

Da kommt ein kleiner Vogel herbeigeflogen und flüstert ihr ins Ohr: „Sein Versteck ist hier ganz in der Nähe, dreh dich doch einfach mal um!"

Mutter Kaninchen befolgt den Rat, und siehe da, im Astloch eines Baumes kann sie tatsächlich ihr zweites Kind entdecken.

„Da also versteckst du dich!", ruft sie lachend. „Ich habe dich gesehen, komm heraus!" Brav springt das Kaninchenjunge aus seinem Unterschlupf.

„Vielen Dank für den Tipp, Vögelchen!", ruft die Mutter noch, bevor sie nun zu dritt davonhoppeln.

„Mama, du hast uns noch gar nichts von der Ausstellung erzählt!", meint das eine Kaninchenjunge plötzlich.

„O ja, erzähl uns, wie es war!", bettelt das andere.

„Also, es waren wirklich sehr viele Kaninchen da, und ganz unterschiedliche noch dazu: echt große und kleine Zwerge, kurzhaarige und welche mit langem Wuschelhaar. Und die Menschen haben uns angeschaut, eins nach dem anderen, gründlich von allen Seiten, und haben sich Notizen gemacht. Und als sie endlich damit fertig waren, wurde der große Pokal vergeben. Ich glaube, ein schneeweißes Kaninchen hat ihn bekommen."

Da sind die beiden Kinderchen schon etwas enttäuscht, doch nach einer kurzen Pause meint das eine: „Für uns bist und bleibst du aber die Allerschönste, Mama!"

Darüber freut sich die Kaninchenmutter und leckt ihren Kindern liebevoll übers Fell.

„So, nun lasst uns aber eure Geschwister suchen, damit wir endlich alle wieder zusammen sind."

Mit diesen Worten schlägt Mama Kaninchen den direkten Weg zum Bauernhaus ein.

„Sss ... sss", brummt es plötzlich laut. Es ist eine dicke Hummel, die um Familie Kaninchen herumfliegt. Die beiden Kleinen bekommen ein wenig Angst, sodass ihre Näschen zu zittern beginnen.

„Aber ich steche doch nicht ... sss ... wenn man mir nichts tut!", summt die Hummel. „Ich bin auf der Suche nach süßem Nektar und im Garten am Bauernhaus wachsen viele duftende Blumen. Nur deshalb fliege ich hinter euch her."

Da sind die Kaninchen beruhigt. „Guten Appetit, Frau Hummel!", wünschen sie höflich. Kurz darauf kommen sie auf eine bunte Wiese voller duftender Blumen.

„Wie schön es hier ist!", rufen die Kaninchen und hoppeln übermütig durch das grüne Gras.

Auch Mutter Henne ist da und führt ihre Küken spazieren. Die sind noch ganz klein, gelb und sehr flauschig. Aufmerksam schaut die Henne sich um und prüft, ob ihren Küken von irgendwoher Gefahr drohen könnte.

„Ach, wer sitzt denn hier?", gackert sie und schreitet auf ein schwarzes Kätzchen zu, das die Küken neugierig beobachtet. „Du lässt meine Kleinen schön in Ruhe, hörst du?"

„Aber klar!", maunzt das Kätzchen. „Ich bin gerade beschäftigt mit Versteckspielen. Mein neuer Freund ist ziemlich gut darin, ich suche ihn schon eine ganze Weile."

Da ist ein Lachen zu hören: „Hallo, hier bin ich!" Ein kleines, fast weißes Kaninchen springt in hohem Bogen aus einem hohlen Baumstamm heraus und landet vor Mutter Kaninchen: „Mama, du bist wieder da! Ist das nicht ein tolles Versteck?", ruft es seinen Geschwistern zu. Alle, auch das Kätzchen, staunen.

Mutter Kaninchen leckt sein weißes Fell und ist froh, denn nun sind sie schon zu viert: die Mutter und drei ihrer Kinder. Nur eines hat sich noch versteckt.

„Jetzt wird es langsam Zeit, nach Hause zu gehen", meint Mama Kaninchen. Aber die Kleinen sind nicht einverstanden: „Unseren großen Bruder musst du auch

noch finden, er hat sich doch so gut versteckt!"

Die drei Geschwister haben natürlich recht,
doch wo sollen sie noch suchen?

Plötzlich miaut die Katze. „Ich glaube, ich habe
euren großen Bruder vorhin auf der Pferdekoppel gesehen. Er wollte mit dem neugeborenen Fohlen spielen,
doch die Stute meinte, ihr Kind müsse sich ausruhen.
Plötzlich kam ein kleiner Hund dazu ...und dann ging
sie los, die wilde Jagd ..."

„Ja, genau, das hab ich auch gesehen", piepst ein
Vogel vom Zaun herunter. „Einen Dackel, der mit dei-
nem Kleinen spielte."

Mutter Kaninchen schaut besorgt. War ihr Junges
etwa in Gefahr?

„Keine Angst!", beruhigt sie der Vogel. „Die beiden
haben sich gegenseitig über die Wiese gejagt. Die hatten echt Spaß zusammen! Obwohl das Kaninchen sehr
schnell war und immer wieder Haken schlug, kam der
kleine Dackel gut hinterher."

„Ich hoffe, du hast recht", seufzt Mama Kaninchen
und ihre Barthaare zittern dabei leicht. „Na dann, auf
zur Pferdekoppel!"

Doch auch dort gibt es keine Spur von dem Kaninchenjungen. Selbst als sie alle im Chor nach ihm rufen, bleibt es verschwunden. Es sitzt nämlich hinter einem alten Bretterzaun und beobachtet die anderen schmunzelnd. Dann endlich hat es ein Einsehen und kommt hervor. „Hallo, sucht ihr etwa mich?", fragt es frech und hoppelt blitzschnell davon.

„Na warte, dich hab ich gleich!", ruft Mama Kaninchen und hüpft hinterher. Im Nu bekommt sie ihr Kind am Stummelschwänzchen zu fassen und hält es fest.

„Na, du Frechdachs, jetzt musst du wohl mit uns nach Hause kommen", meint die Mutter.

„Ist ja schon gut", antwortet das Kleine, „ich komme ja freiwillig mit."

Mama Kaninchen ist endlich zufrieden: Nun hat sie alle ihre Kinder wieder beisammen und kann sich mit ihnen auf den Heimweg machen.

Unterwegs treffen sie den kleinen Vogel wieder. „Einen schönen Abend wünsche ich euch!", zwitschert er ihnen zu. „Falls es bei euch etwas Leckeres zu essen gibt, lade ich mich gerne ein."

Mutter Kaninchen lacht. „In unseren Fressnapf kommen heute Möhren und Salat. Köstlichkeiten für uns, aber dir wäre ein dicker Wurm bestimmt lieber, nicht wahr?"

Da nickt der kleine Vogel und fliegt pfeifend davon.

Bald schon ist Familie Kaninchen zu Hause. Sie wohnt in einem Holzstall, der mit weichem, warmem Stroh ausgelegt ist. Die Kinder der Bauern kommen jeden Tag und reinigen den Stall, damit es die Kaninchen auch gemütlich haben.

Heute Abend erleben sie noch eine Überraschung, denn sie haben Besuch. Ein kleiner Hund sitzt vor dem Stall und scheint auf sie zu warten. „Da seid ihr ja endlich!", bellt er aufgeregt.

„Kennen wir dich?", fragt Mutter Kaninchen.

„Noch nicht, aber meine Geschwister und ich würden gern mit deinen Kindern spielen. Wir haben gehört, dass ihr ganz super Läufer und Springer seid, vielleicht habt ihr Lust auf einen Wettkampf?", wendet er sich fragend an die kleinen Kaninchen.

„Ja, klar haben wir!", rufen die einstimmig.

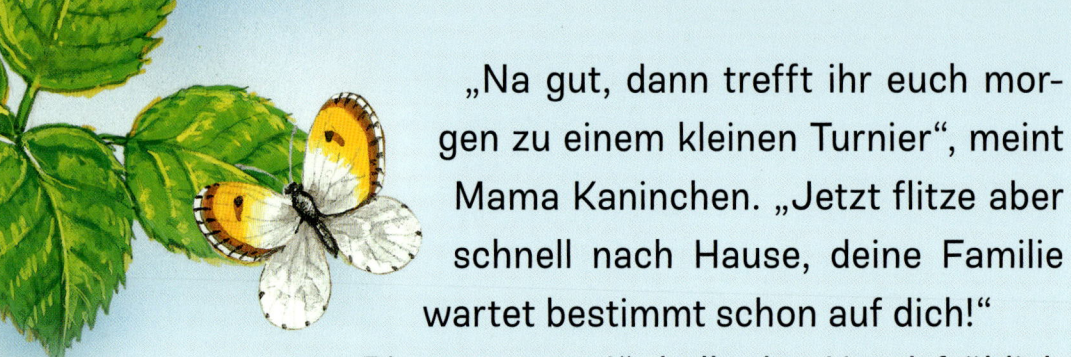

„Na gut, dann trefft ihr euch morgen zu einem kleinen Turnier", meint Mama Kaninchen. „Jetzt flitze aber schnell nach Hause, deine Familie wartet bestimmt schon auf dich!"

„Bis mooorgen!", bellt der Hund fröhlich und springt auf und davon.

Nun merken die Kaninchenkinder, wie müde sie sind. Sie knabbern noch ein wenig am Abendbrot herum, bevor eines nach dem anderen in den Stall hüpft.

„Das war aber ein aufregender Tag für euch!", meint Mutter Kaninchen zu ihren Kindern.

„Für dich bestimmt auch!", antwortet eines der Junge.

„So eine Ausstellung ist bestimmt sehr spannend", meint das kleinste Junge.

„O ja", antwortet die Mutter, „doch glaubt mir, das Versteckspiel mit euch war noch zehnmal aufregender!"

Dann kuscheln sich die Kinder aneinander und schlafen ein.

Nun wird es ruhig auf dem Bauernhof. Alle Tiere haben sich einen Schlafplatz gesucht. Bestimmt träumen sie bald von den Abenteuern dieses schönen Tages.